BEI GRIN MACHT SICH IHR WISSEN BEZAHLT

Bibliografische Information der Deutschen Nationalbibliothek:

Die Deutsche Bibliothek verzeichnet diese Publikation in der Deutschen National-
bibliografie; detaillierte bibliografische Daten sind im Internet über http://dnb.d-
nb.de/ abrufbar.

Impressum:

Copyright © 2020 GRIN Verlag
Druck und Bindung: Books on Demand GmbH, Norderstedt Germany
ISBN: 9783346156631

Dieses Buch bei GRIN:

https://www.grin.com/document/540885

Marcel Teichmüller

Fachgerechtes Aufpressen/Crimpen von Aderendhülsen (Unterweisung Elektroniker/-in für Betriebstechnik)

GRIN Verlag

GRIN - Your knowledge has value

Der GRIN Verlag publiziert seit 1998 wissenschaftliche Arbeiten von Studenten, Hochschullehrern und anderen Akademikern als eBook und gedrucktes Buch. Die Verlagswebsite www.grin.com ist die ideale Plattform zur Veröffentlichung von Hausarbeiten, Abschlussarbeiten, wissenschaftlichen Aufsätzen, Dissertationen und Fachbüchern.

Besuchen Sie uns im Internet:

http://www.grin.com/

http://www.facebook.com/grincom

http://www.twitter.com/grin_com

Unterweisungskonzept zum Thema:

fachgerechtes aufpressen/crimpen von Aderendhülsen

Ausbildungsberuf: Elektroniker/-in für Betriebstechnik

Inhaltsverzeichnis

1.   Adressatenanalyse

1.1   Angaben zur Person

Name: Peter

Alter: 16 Jahre

Schulabschluss: Realschulabschluss

Ausbildungsberuf: Elektroniker/-in für Betriebstechnik

Ausbildungsjahr: 1. Ausbildungsjahr

Sozialer Hintergrund: Peter lebt in einem sozial stabilen Umfeld gemeinsam mit seinen Eltern und 2 Geschwistern in einer ländlichen Gegend

Er beschäftigt sich in seiner Freizeit gern mit handwerklichen Tätigkeiten, was sich durch seine aktive Arbeit in der freiwilligen Feuerwehr zeigt

Stärken des Auszubildenden: Sehr engagiert und motiviert, übernimmt viele Aufgaben selbstständig, arbeitet gerne im Team

Schwächen des Auszubildenden: Arbeitet oft zu schnell, wodurch die Qualität der Arbeit an zweiter Stelle steht

1.2　　　Vorkenntnisse zum Thema

Der Auszubildende befindet sich derzeit im ersten Ausbildungsjahr. Vor einer Woche lernte der Auszubildende das fachgerechte Abisolieren einer Leitung und festigte dies in praktischen Aufgaben. Heute wird der Azubi das zurichten einer anschlussfertigen Leitung komplettieren, indem er das Aufpressen/Crimpen von Aderendhülsen erlernt und anschließend in einer praktischen Übung festigt.

2.　　　Didaktische und methodische Analyse

2.1　　　Einordnung des Themas in den Ausbildungsrahmenplan

a)

sachliche Einordnung in den Ausbildungsrahmenplan für die Ausbildung zum Elektroniker/- in für Betriebstechnik erfolgt in der Anlage 1, Position 7, Abschnitt b), der Verordnung der industriellen Elektroberufe.

Der Punkt 7 besagt inhaltlich das Montieren und Anschließen elektrischer Betriebsmittel (§ 7 Absatz 1 Nummer 7). Im Abschnitt b) sind außerdem Leitungen auszuwählen, zuzurichten sowie Baugruppen und Geräte mit unterschiedlichen Anschlusstechniken zu verbinden angeordnet.

b)　Dieses Thema wird im 1. Halbjahr des 1. Ausbildungsjahres eingeordnet.

2.2　Begründung der Themenwahl

Das fachgerechte Aufpressen/Crimpen von Leitungen ist eine der grundlegendsten Bestandteile bei der Ausbildung zum Elektroniker/ -in für Betriebstechnik. Bei dieser Thematik geht es um das Auffrischen bereits erlernten Wissens, wie das richtige Auswählen, Abisolieren von Leitungen und diese zu fundieren. Außerdem wird der Auszubildende eine neue Fertigkeit erlernen, die fundamental wichtig ist im weiteren Verlauf der Ausbildung.

Fachliche Abgrenzung des Themas (Arbeitsschritte)

1. Zu bearbeitende abisolierte NYM-Leitung und Werkzeuge, Aderendhülsen ordnungsgemäß vorbereiten
2. Werkzeuge auf Funktionalität/Einstellung überprüfen und einstellen
3. Vorbereitete abisolierte Leitung auf Einschnitte in die Litzen überprüfen
4. Länge der abisolierten Litzen mit der Aderendhülse vergleichen, gegebenenfalls nachbessern
5. Aderendhülse auf die Leitung schieben
6. Mittels Presszange die Aderendhülse mit den Litzen verpressen
7. Sichtprüfung, mechanische Prüfung der verpressten Aderendhülse

2.3 Unfallverhütungsvorschriften

Arbeitsbekleidung: Geeignete Kleidung und Arbeitsschutzschuhe sind zu tragen, um sich vor z.b. herabfallenden Gegenständen zu schützen.

Hygiene: Um Kontakt mit Gefahrenstoffen zu vermeiden, die sich während der Arbeit auf der Haut absetzen können und mögliche Krankheiten verursachen, ist das Händewaschen nach der Arbeit wichtig. Dort gilt es zum Schutz der Haut, den dort befindlichen Hautschutzplan einzuhalten.

Werkzeuge: Die Werkzeuge sind vor Beginn der Arbeiten auf Beschädigungen und Funktionalität zu überprüfen. Scharfe und spitze Werkzeuge oder andere gefahrenbringende Gegenstände dürfen in der Kleidung nur getragen werden, wenn Schutzmaßnahmen eine Gefährdung während des Tragens ausschließen.

Leitung/Aderendhülsen: Beim Umgang mit der NYM-Leitung/Aderendhülsen und den entsprechenden Werkzeugen besteht die Gefahr von Schnitt -, Stich -, und Quetschverletzungen. Daher ist der richtige Umgang mit den Werkzeugen und der Leitung/Aderendhülsen von entscheidender Wichtigkeit, um Verletzungen zu vermeiden. Die entstandenen Kabelreste sind den Entsorgungsbetrieben gesondert zuzuführen.

2.4 Lernziele

a) Nach dem Grad der Eindeutigkeit

<u>Richtlernziel:</u> Laut Ausbildungsrahmenplan, ist das Montieren und Anschließen elektrischer Betriebsmittel, zu vermitteln.

<u>Groblernziel:</u> Leitungen auswählen und zurichten sowie Baugruppen und Geräte mit unterschiedlichen Anschlusstechniken verbinden.

| Feinlernziel: | Am Ende der Unterweisung ist der Auszubildende in der Lage selbstständig Aderendhülsen mit einer Leitung zu verpressen und auf Richtigkeit zu überprüfen. |

b) Feinlernziele nach Fähigkeitsbereichen

| Kognitiv: | Der Auszubildende kann die Aderendhülsen richtig dimensionieren und die Funktion der Werkzeuge benennen. Außerdem ist er in der Lage, die Vorgehensweise beim Aufpressen/Crimpen einer Aderendhülse zu erklären. |

| Psychomotorisch: | Der Auszubildende erlernt das selbstständige Aufpressen/Crimpen einer Aderendhülse, mithilfe einer Presszange. |

| Affektiv: | Der Auszubildende hat erkannt das nur fachgerecht zugerichtete Leitungen weiterverarbeitet werden dürfen und ist von der Notwendigkeit und Bedeutung des sorgfältigen Arbeitens überzeugt, wendet diese auch an. Außerdem hat er erkannt das Sauberkeit und Ordnung am Arbeitsplatz, Hand in Hand mit qualitätsbewussten arbeiten einhergeht. |

2.5 Methodenwahl

Vier-Stufen-Methode

Die Vier-Stufen-Methode ist die eine Methode, um praktische Lernziele am Arbeitsplatz zu übermitteln. Sie setzt durch ihre detaillierten Arbeitsschritte nur wenig Vorkenntnisse voraussetzt. Die Zielsetzung liegt überwiegend im kognitiven und psychomotorischen Bereich, da bei dieser Methode das selbstständige Nachmachen sehr wichtig ist. Eine rein theoretische Unterweisung würde vor allem den psychomotorischen Bereich vernachlässigen. Die Wechselwirkung von Theorie und Praxis und der Erwerb von Erfahrungen, Gefühlen und dem direkten Kontakt mit dem Werkzeug erfüllt das wesentlichste Ziel dieser Methode. Dadurch, dass die Stufen 2 „Vormachen und erklären" und 3 „Nachmachen und erklären lassen" abwechselnd stattfinden, kann der Ausbilder mögliche Fehler sofort erkennen und durch einen direkten Eingriff das Einprägen falscher Handlungsabläufe vermeiden. Ein weiterer Vorteil der 4-Stufen-Methode ist, dass der Auszubildende mit Hilfe seiner Sinne, Sehen, Hören, und Nachmachen die erlernten Kenntnisse besser behalten kann und sich falsche Handhabungen nicht festsetzen.

Als negativer Aspekt dieser Methode lässt sich anmerken, dass die Selbstständigkeit durch das exakte Planen, genaue Vormachen und Erklären der Handhabung vorrangig nicht gefördert wird. Diese kommt erst im Nachhinein zum Tragen, wenn der Auszubildende den Auftrag selbstständig planen, kontrollieren und durchführen muss.

2.6   Eckdaten dieser Unterweisung

Ort:	Werkstatt (Handarbeitsbereich)
Termin:	07.04.2020, 09:00 Uhr
Dauer:	Ca. 15 Minuten
Strukturierung nach der Sozialform:	Einzelunterweisung
Ausbildungsmittel:	Aderendhülsen Presszange
	Abisolierzange
	Seitenschneider
	Vorbereitete abisolierte Leitungen
	Verschiedene Aderendhülsen
	Arbeitsblatt
	Tafel, Stifte, Reinigungstuch

3. Ablaufanalyse

Lernschritte (Was?)	Inhalte (Wie?)	Methodische Begründung (Warum?)	Zeit in Minuten
Stufe 1 „Vorbereitung"	• Begrüßung des Auszubildenden, Alltagsgespräch beginnen	• Auflockernde Atmosphäre, Ängste abbauen	Ca. 4
	• Thema erklären	• Interesse wecken	
	• Besprechen des Lernziels	• Motivieren	
	• Ziele/ Erwartungen des Azubis besprechen	• Auf Individualität des Azubis einstellen	
	• Fragen zum Arbeitsschutz stellen	• Vorkenntnisse zu erfahren/ wiederholen	
Stufe 2 „Vormachen und erklären"	• Wiederholung Leitungsaufbau/ Leitungsdimensionierung, an der Tafel • Ablauf/Überprüfung Abisolieren einer Leitung, an der abisolierten Leitung erklären lassen	• Visuelle und auditive Lernförderung, Wiederholung	Ca. 6
	• Azubi hält abisolierte Leitung und Aderendhülse in der Hand, Ausbilder erklärt Funktion der Aderendhülse und verschiedene Typen (Anlage 1)	• Erste Erfahrungen bezüglich Beschaffenheit, Größe und Gewicht, kognitives Lernziel fördern	
	• Werkzeuge auf Funktion überprüfen	• Affektives Lernziel fördern	
	• Vormachen der fachlich korrekten Arbeitsschritte (siehe Seite 4)	• Korrekten Umgang und feste Abläufe zeigen, Grundlage zum Nachmachen	
	• Auf mögliche Fehler achten	• Hilfestellung geben	
	• Fertig zugerichtete Leitung zur	• Visuelle und auditive	

8

	Veranschaulichung zeigen	Lernförderung, Azubi motivieren	
Stufe 3 „Nachmachen und erklären lassen"	• Der Azubi macht alle zuvor gezeigten Schritte nach	• Erworbenes Wissen zeigen, Lernerfolge durch praktisches Durchführen sichern	Ca. 6
	• Eventuell Einschreiten bei Fehlern/ Hilfestellung geben	• Falsches Einprägen der Durchführung verhindern	
	• Ergebnis Prüfen, motivieren für spätere Übungen zum Festigen	• Erste Lern-Erfolgskontrolle, Motivation für weitere Aufgaben schöpfen	
Stufe 4 „Üben und Festigen"	• Azubi bekommt Übungsaufgaben zur Thematik, Praxis	• Festigung und Selbstkontrolle	Schwer planbar
	• Beobachtung der selbstständigen Ausführung des Azubis	• Leistungsstand ermitteln, Informationen für spätere Beurteilung sammeln	
	• Prüfung und Auswertung der Arbeitsergebnisse	• Zielsetzung erreicht?	
	• Lob und Anerkennung	• Bestätigung und Motivation	
	• Auszubildender muss in der Anlage 2 den Lückentext ausfüllen	• Lernerfolgskotrolle und Festigung des Arbeitsablaufes	

• Anlage 3 bekommt der Azubi als Handout ausgehändigt, eigenes wiederholen der Thematik	• Festigung des Arbeitsablaufes, Wiederholung zum Thema „zurichten einer Leitung"

Tabelle Aderendhülsen - Typen und Dimensionierung

Aderendhülsen blank

Bauform / Typ	Querschnitt	Länge	Farbe
Unisoliert (blank)	0,34 mm²	7 mm	Blank
Unisoliert (blank)	0,5 mm²	8 mm	Blank
Unisoliert (blank)	0,75 mm²	8 mm	Blank
Unisoliert (blank)	1,0 mm²	10 mm	Blank
Unisoliert (blank)	1,5 mm²	10 mm	Blank
Unisoliert (blank)	2,5 mm²	10 mm	Blank
Unisoliert (blank)	4,0 mm²	12 mm	Blank
Unisoliert (blank)	6,0 mm²	12 mm	Blank
Unisoliert (blank)	10,0 mm²	12 mm	Blank
Unisoliert (blank)	16,0 mm	12 mm	Blank
Unisoliert (blank)	25,0 mm²	12 mm	Blank
Unisoliert (blank)	25,0 mm²	18 mm	Blank
Unisoliert (blank)	35,0 mm²	18 mm	Blank
Unisoliert (blank)	50,0 mm²	18 mm	Blank

Aderendhülse einadrig isoliert

Bauform / Typ	Querschnitt	Länge	Farbe
Isoliert einadrig	0,25 mm²	6 mm	Gelb
Isoliert einadrig	0,34 mm²	6 mm	Türkis
Isoliert einadrig	0,5 mm²	8 mm	Weiß
Isoliert einadrig	0,75 mm²	8 mm	grau
Isoliert einadrig	1,0 mm²	8 mm	Rot
Isoliert einadrig	1,5 mm²	8 mm	Schwarz
Isoliert einadrig	2,5 mm²	8 mm	Blau
Isoliert einadrig	4,0 mm²	10mm	Grau
Isoliert einadrig	6,0 mm²	12 mm	Gelb
Isoliert einadrig	10,0 mm²	12 mm	Rot
Isoliert einadrig	16,0 mm²	12 mm	Blau
Isoliert einadrig	16,0 mm²	18 mm	Blau
Isoliert einadrig	25,0 mm²	16 mm	Gelb
Isoliert einadrig	35,0 mm²	16 mm	Rot
Isoliert einadrig	50,0 mm²	20 mm	Blau

Aderendhülse zweiadrig isoliert Twin

Bauform / Typ	Querschnitt	Länge	Farbe
Isoliert zweiadrig	2 x 0,5 mm²	8 mm	Weiß
Isoliert zweiadrig	2 x 1,0 mm²	8 mm	Rot
Isoliert zweiadrig	2 x 1,5 mm²	8 mm	Schwarz
Isoliert zweiadrig	2 x 2,5 mm²	12 mm	Blau
Isoliert zweiadrig	2 x 4,0 mm²	12 mm	Grau
Isoliert zweiadrig	2 x 6,0 mm²	12 mm	Gelb
Isoliert zweiadrig	2 x 10,0 mm²	12 mm	Rot
Isoliert zweiadrig	2 x 16,0 mm²	16 mm	Blau

Quelle: https://www.ebay.de/itm/Aderendhuelsen-von-0-34-50-mm-isoliert-unisoliert-Twin-einzeln-oder-Sortiment-/222235672778, 07.04.2020

Anlage 2

Checkliste zurichten einer Leitung

Arbeitsblatt Lückentext

1. Arbeitsplatz, Materialien und _____ vorbereiten/ auf Funktionalität überprüfen.

2. Mit dem Jokari- Abmantler die Leitung ca. 10 cm Abmanteln.

3. Sichtprüfung der _____, wurde beim Abmantelvorgang die Isolation beschädigt oder ist alles in Ordnung?

4a. Wurde eine Aderisolation _____ wird mit dem Seitenschneider die Leitung neu abgesetzt und mit dem Jokari – Abmantler erneut abgemantelt.

4b. Wenn alles in Ordnung ist, die Aderisolation mit der Abisolierzange _____.

5. Sichtprüfung der Einzeladern, wurde beim Abisoliervorgang eine _____ beschädigt oder ist alles in Ordnung?

6a. Wurde eine _____ beschädigt wird mit dem Seitenschneider die Leitung neu abgesetzt und mit dem Jokari – Abmantler erneut abgemantelt.

6b. Wenn die Einzeladern in Ordnung sind ist der Abmantel-, Abisoliervorgang _____.

7. abschließende Kontrolle der fertig abgemantelten und abisolierten Leitung mittels _____.

8. geeignete _____ auswählen

9. Aderendhülsen auf die abisolierten _____ schieben

10. darauf achten, dass die Litzen und die Aderendhülse dieselbe _____ besitzen und _____ Litze absteht, diese müssen komplett in der Aderendhülse sitzen

11. Aderendhülse mithilfe einer _____, mit den Litzen verpressen

12. Sichtprüfung, _____ Prüfung der zugerichteten Leitung

13. Ordnung und _____ am Arbeitsplatz wiederherstellen

14. _____ in einen separaten Sammelbehälter entsorgen

Leitungsreste, Presszange, Werkzeuge, abisolieren, Sauberkeit, Aderendhülsen, Ader, Einzeladern, mechanische, Länge, Litzen, abgeschlossen, keine, Aderisolation, beschädigt, Sichtprüfung

Anlage 3

Checkliste zurichten einer Leitung

Lösung Lückentext

1. Arbeitsplatz, Materialien und Werkzeuge vorbereiten/ auf Funktionalität überprüfen.

2. Mit dem Jokari- Abmantler die Leitung ca. 10 cm Abmanteln.

3. Sichtprüfung der Aderisolation, wurde beim Abmantelvorgang die Isolation beschädigt oder ist alles in Ordnung?

4a. Wurde eine Aderisolation beschädigt wird mit dem Seitenschneider die Leitung neu abgesetzt und mit dem Jokari – Abmantler erneut abgemantelt.

4b. Wenn alles in Ordnung ist, die Aderisolation mit der Abisolierzange abisolieren.

5. Sichtprüfung der Einzeladern, wurde beim Abisoliervorgang eine Ader beschädigt oder ist alles in Ordnung?

6a. Wurde eine Einzelader beschädigt wird mit dem Seitenschneider die Leitung neu abgesetzt und mit dem Jokari – Abmantler erneut abgemantelt.

6b. Wenn die Einzeladern in Ordnung sind ist der Abmantel-, Abisoliervorgang abgeschlossen.

7. Eine abschließende Kontrolle der fertig abgemantelten und abisolierten Leitung mittels Sichtprüfung.

8. geeignete Aderendhülsen auswählen

9. Aderendhülsen auf die abisolierten Litzen schieben

10. darauf achten, dass die Litzen und die Aderendhülse dieselbe Länge besitzen und keine Litze absteht, diese müssen komplett in der Aderendhülse sitzen

11. Aderendhülse mithilfe einer Presszange, mit den Litzen verpressen

12. Sichtprüfung, mechanische Prüfung der zugerichteten Leitung

13. Ordnung und Sauberkeit am Arbeitsplatz wiederherstellen

14. Leitungsreste in einen separaten Sammelbehälter entsorgen.